AF349783

MEMOIRE SIGNIFIE'

POUR les Doyens & Supôts des Nations de France, de Picardie & de Normandie de la Faculté des Arts de l'Université de Paris.

ET le Sieur HAMELIN Bachelier en Théologie, Professeur de Philosophie au Collége Mazarin, nommé Intrant pour l'Election du Recteur de l'Université.

CONTRE le Sieur POIRIER Professeur de Philosophie au Collége de la Marche, prétendant droit à l'Intrance.

ET le Sieur L'ALLEMAND Professeur de Rhétorique au même Collége de la Marche, faisant les fonctions de Syndic de l'Université.

ES Nations de France, de Picardie & de Normandie, malgré leur extrême répugnance pour tout ce qui peut troubler la paix de l'Université, se trouvent obligées d'en venir à un éclat pour deffendre leurs Priviléges les plus précieux, des atteintes qu'on veut leur porter.

Il s'est élevé une contestation dans la Faculté des Arts, lorsqu'elle s'est assemblée pour donner un Recteur à l'Université; l'objet n'en paroissoit pas d'abord fort important, mais on a vû naître de là un sistême qui tend à renverser l'ordre établi depuis plusieurs siécles & la discipline de l'Université : On y entreprend de détruire la liberté qui doit regner dans l'élection du Recteur, d'attribuer à son Tribunal, qui ne tient son pouvoir que des Facultés & des Nations, un ressort & une supériorité sur ces corps; enfin, de soûmettre tous les Membres de l'Université à la domination du Recteur; & ce qui est encore plus injuste, lorsqu'on veut opprimer ainsi les Nations, si elles élevent leurs voix pour reclamer leurs droits & leurs priviléges, on les taxe de révolte, & l'on ose représenter comme une cabale, l'union des supôts nécessaire pour la défense de la cause commune.

A

Dans cette extrémité les Nations font forcées de rompre le filence pour mettre dans le plus grand jour la juftice évidente de leurs droits, & la droiture de leurs procédés.

Sans doute une conteftation femblable mérite l'attention des Magiftrats & du public : l'Univerfité de Paris, qui depuis tant de fiécles eft occupée à former des citoyens pour tous les ordres de l'Etat, a toujours rempli ce grand objet, avec tant de fuccès, qu'il n'eft forte de graces & de diftinctions dont nos Roys ne l'ayent comblée ; ils l'ont honorée même du titre augufte de leur Fille aînée, peut-on être trop jaloux de conferver des privileges dont la fource eft auffi glorieufe, & donner trop d'attention à ce qui intereffe la police & le gouvernement d'un corps auffi recommandable ?

FAIT.

L'Univerfité de Paris n'étoit anciennement formée que de la feule Faculté des Arts ; dans la fuite elle s'eft divifée en différentes parties : perfonne n'ignore qu'elle eft aujourd'hui compofée de quatre Facultés.

Celles de Théologie, de Droit & de Medecine, qui font appellées Facultés fupérieures à caufe de leurs objets, ont chacune un Chef qu'on appelle *Doyen :* à l'égard de la Faculté des Arts, elle a toujours été divifée en quatre Nations, qui font celles de *France*, de *Picardie*, de *Normandie* & d'*Allemagne ;* chacune de ces Nations a fon Procureur pour chef, & eft fubdivifée en différentes Tribus ou Provinces : ainfi la Nation de France a cinq Tribus, qui font Paris, Sens, Reims, Tours & Bourges.

Les fept Corps, c'eft-à-dire, les trois Facultés fupérieures., & les quatre Nations de la Faculté des Arts, forment [le Recteur à leur tête] le corps de l'Univerfité ; néantmoins ils font diftincts & indépendans les uns des autres, ayans chacun leurs ftatuts, leurs ufages & leurs revenus à part.

Pour ce qui concerne l'élection du Recteur & l'étenduë de fon pouvoir, voici l'idée que l'on peut s'en former.

Le Chef de l'Univerfité doit être tiré du fein de la Faculté des Arts, & le droit de l'élire appartient auffi à cette Faculté à l'exclufion des autres : cette élection fe fait par l'organe de quatre *Intrants :* chaque Nation a le droit d'en nommer un, & comme la Nation de France eft compofée de cinq Tribus, chacune de ces Tribus nomme alternativement & à fon tour l'Intrant de cette Nation : ainfi lorfqu'il s'agit de faire choix d'un Recteur, la Tribu qui eft en tour de nommer l'Intrant, s'affemble & le choifit à la pluralité des voix, la Nation affemblée confirme enfuite cette nomination, & quand les quatre Intrants ont été ainfi nommés, ils prêtent leur ferment entre les mains de l'ancien Recteur, entrent enfuite au Conclave, & procédent à l'élection qui doit encore être confirmée par toute la Faculté des Arts affemblée.

La dignité de Recteur eft fans doute fort refpectable dans l'Université, puisqu'il en est le Chef ; mais son pouvoir est limité. Quand la Faculté des Arts, où l'Université entiére est assemblée, il est à la tête, il préside : mais il n'a point de préséance ni de rang aux assemblées particulieres de chaque Faculté supérieure, ou de chaque Nation qui sont des corps indépendans de lui, & les uns des autres.

Cependant le Recteur a un Tribunal particulier, dont voici l'origine & l'objet. Nos Rois qui ont toujours honoré l'Université de la protection la plus signalée, lui ont accordé une jurisdiction sur ses membres & le droit de les punir par les peines académiques : mais comme un corps aussi nombreux ne pourroit pas assez frequemment s'assembler, ni commodement exercer cette jurisdiction ; l'Université en délegue l exercice à sept de ses Officiers qui sont le Recteur, les trois Doyens des Facultés supérieures, & les quatre Procureurs des Nations, c'est ce qui forme le Conseil Rectoral. La compétence de ce Tribunal est bornée à connoître des contestations légéres qui s'élevent entre les supôts concernant la police des Colléges : mais il n'a aucune inspection ni supériorité sur les Facultés, ni sur les Nations. Et comment cela pourroit-il être autrement ? Il n'a lui-même de pouvoir que celui que ces corps lui communiquent.

Ces premiéres notions vont répandre un grand jour sur le récit de l'événement qui a donné lieu à la présente contestation.

En 1742. le Sieur Josse Recteur étant mort en place, il falût lui donner un Successeur : le 23. Juin la Faculté des Arts s'assembla suivant l'usage dans le Couvent des Mathurins, & il fut question de procéder à la nomination des Intrants dans chaque Nation : voici ce qui arriva dans celle de France.

La Tribu de Paris étoit alors en tour de nommer l'Intrant ; deux Aspirans se présenterent : d'un côté le sieur Poirier Professeur du Collége de la Marche, qui étoit alors Procureur de la Nation, & d'un autre le sieur Hamelin Professeur du Collége Mazarin. Mais leurs suppliques furent fort différentes ; car le premier reclama l'Intrance comme un attribut de sa dignité, prétendant que le Procureur de la Nation étoit Intrant né lorsque sa Tribu se trouvoit en tour de nommer : le sieur Hamelin au contraire ne demanda l'Intrance que comme une grace, que la Tribu étoit pleinement libre de faire tomber sur celui qu'elle jugeroit à propos d'honorer de son choix.

A ne considérer que le mérite personnel des deux concurrens, la Tribu auroit pû balancer entr'eux ; peut-être même que quelque digne qu'elle eût pû trouver le sieur Hamelin, de son choix, l'âge plus avancé du sieur Poirier l'eût pû déterminer à donner à celui-ci la préférence ; mais il faut convenir que le genre de sa supplique forçoit absolument sa Tribu à la rejetter ; puisque réclamer l'Intrance comme un attribut nécessaire de la charge de Procureur, c'étoit attaquer le droit d'élection de la Tribu & porter atteinte à sa liberté. Tous les Tribulaires se déterminerent donc presque unanimement à conférer l'Intrance au sieur Hamelin & à exclure le sieur Poirier.

Cette décision est à peine prononcée par la Tribu de Paris, que le sieur Poirier en interjette appel à la Nation de France, *Propter sibi non servatum jus.* Le même jour à dix heures cette Nation s'assemble ; le sieur Poirier, devenu partie, descend du siége de Procureur, l'Ex-procureur y monte à sa place : les deux concurrens se présentent devant l'assemblée ; ils exposent leurs moyens de part & d'autre. Après cela toutes les Tribus se retirent à l'écart pour délibérer, & de retour avec leurs Doyens, l'élection du sieur Hamelin est confirmée d'une voix unanime : voici les termes de la conclusion : *Dimissæ quatuor Tribus ad deliberandum & paulò post reversæ, per suos decanos retulere, se salvâ quæ debetur ornatissimo Procuratori reverentiâ unanimi voce confirmare electionem manè factam Magistri Hamelin in Quadrumvirum ut potè suffragiorum pluralitate vincentem & cum quatuor Tribubus & majori numero Tribús Parisiensis conclusit Dominus Ex-procurator.* Ainsi échoua une seconde fois la prétention du sieur Poirier devant la Nation de France à laquelle il en avoit appellé.

Après cela il n'étoit plus dans l'Université de Juge ni de Tribunal auquel on pût en appeller : on le démontrera dans la suite. Cependant le sieur Poirier trop attaché à une vaine prétention, ne s'en tint pas là ; il se présenta devant toute la Faculté des Arts assemblée, exposa de nouveau ses moyens, & demanda que la conclusion de la Nation fût infirmée : le sieur Hamelin de son côté, obligé de deffendre son droit, n'eut pas de peine à faire voir qu'il avoit été pleinement libre à la Tribu de Paris de le nommer Intrant, que cette nomination ayant été confirmée par les autres Tribus de la Nation de France, la chose étoit irrévocablement consommée, & qu'on ne pouvoit en appeller aux autres Nations, ni à la Faculté des Arts assemblée.

Tous ceux qui étoient présens furent convaincus de l'évidence de ces raisons, & le témoignerent par leurs applaudissemens ; mais le complot étoit formé : voici l'expédient qu'on imagina. Le sieur Neveu qui en qualité d'Exrecteur, occupoit le Siége Rectoral, déclara que son intention n'étoit point de mettre la chose en déliberation devant les Nations, parce qu'elles n'avoient point le droit de juger cette contestation : que cependant, comme il étoit nécessaire d'y statuer sur le champ, il alloit la décider avec les Procureurs des Nations qui formoient, disoit-il, son Conseil ordinaire dans les affaires qui ne regardent que la Faculté des Arts. Après s'être ainsi créé un Tribunal de son autorité privée, le sieur Neveu se retire dans le lieu destiné aux délibérations ; il y est suivi des trois Procureurs des Nations de Picardie, Normandie & Allemagne, [celui de France ayant protesté de nullité contre tout ce qui pourroit y être décidé, refusa de s'y joindre, attendu que sa Nation avoit porté son jugement,] le sieur l'Allemand accompagne ces quatre Officiers pour faire la fonction de Syndic à la place du sieur Neveu Syndic actuel qui remplit celle de Recteur : le Tribunal ainsi formé, on délibere, on juge. Le sieur Neveu revient ensuite à l'Assemblée, remonte sur le Siége Rectoral, & là, malgré les réclamations du sieur Hamelin, de la Nation de France, & de toute la Faculté des Arts, il prononce en faveur du sieur Poirier son Jugement en ces termes :

Dictum est unanimi suffragiorum consensu nullâ habitâ ratione inter-
cessionis

ceſſionis à Magiſtro Hamelin factæ & retinendo cauſam de quadrumvi-
ratu exortam inter prædictos Magiſtros Poirier Procuratorem & Ha-
melin, jus eſſe Prædicto Magiſtro Poirier & conſequenter eum debere
cum trium aliarum Nationum quadrumviris ad Sacramentum admitti &
cum iis ſuffragium ferre ad electionem novi Rectoris & ita concluſit cla-
riſſimus Exrector.

Ce Jugement fut à peine prononcé, qu'il excita un murmure dans toute l'Aſſemblée, mais cela ne fut point capable d'arrêter l'impé-tuoſité de l'Exrecteur, ni d'empêcher qu'il ne conſommât ſon ou-vrage : il appelle au ſerment le ſieur Poirier & les Intrans nommés par les autres Nations, il veut les engager à paſſer outre à l'élection ; mais ceux-ci conſidérans l'irrégularité de tout ce procédé, ne voulu-rent pas aller plus loin, ainſi le ſieur Exrecteur fut obligé de rompre l'Aſſemblée & de ſe retirer.

Voilà exactement ce qui ſe paſſa le 23. Juin 1742. on y offen-ſoit à la fois le ſieur Hamelin qu'on privoit de l'avantage de con-courrir à l'élection du Recteur, la Nation de France à laquelle on enlevoit le droit de choiſir librement ſon Intrant, toutes les Nations enſemble ſur leſquelles l'Exrecteur s'arrogeoit ſans aucun droit la ſupériorité & le reſſort, & enfin l'Univerſité entiére qui pendant ce trouble demeuroit ſans Recteur ; une entrepriſe qui conduiſoit à des conſéquences auſſi dangereuſes, a obligé les Parties offenſées de re-courir à l'autorité de la Cour.

Le ſieur Hamelin a commencé par interjetter appel, tant comme de Juge incompétant, qu'autrement du Jugement de l'Exrecteur, & il a fait intimer le ſieur Poirier : l'Inſtance liée entre ces deux Aſpi-rans à l'Intrance, a donné lieu de part & d'autre à des interven-tions.

D'un côté les Nations de France, de Picardie & de Normandie ſont intervenuës : la Nation de France a pris le fait & cauſe du ſieur Hamelin, & a adhéré à ſes concluſions, tant ſur l'appel comme de Juge incompétant, que ſur le fond : les Nations de Picardie & de Nor-mandie ne prennent part qu'à l'appel comme de Juge incompétant, & elles ſoûtiennent que le Recteur & ſon Conſeil n'ont point le pouvoir d'infirmer les délibérations des Nations : la Nation d'Alle-magne qui n'eſt compoſée que d'un petit nombre de ſupôts, eſt la ſeule qui dans ce mouvement général de la Faculté des Arts, ſoit de-meurée dans l'inaction.

D'autre part, le ſieur l'Allemand qu'on vient de voir lors du Juge-ment de l'Exrecteur, faire la fonction de Pro-Syndic, s'eſt cru en droit ſans être autoriſé par aucune délibération & ſans avoir même prêté ſerment en cette qualité, d'intervenir dans la conteſtation ; & non content d'adhérer aux concluſions du ſieur Poirier, il demande à la Cour un Réglement qui tend, 1.º à faire ordonner l'éxécution d'un Arrêt de la Cour du 29. Avril 1670. & en conſéquence, que les ſu-pôts n'auront droit de ſuffrage actif & paſſif pour l'élection des In-trans, & pour la confirmation deſdits Intrans & du Recteur, qu'à l'âge de 30. ans. 2.º A ce qu'en cas de conteſtation ſurvenuë dans une

Nation au fujet de l'élection ou confirmation de fon Intrant, la partie qui fe trouvera lezée par la délibération de la Nation, foit autorifée à fe pourvoir fur le champ devant le Recteur affifté de fon Confeil préfent dans la Faculté des Arts, lequel décidera fur le champ la conteftation par un Jugement qui aura fon exécution nonobftant appel ou oppofition. 3.° A ce qu'en cas qu'il furvienne quelques troubles dans les Affemblées des Nations, les Procureurs & Cenfeurs foient ténus de les remarquer & de les dénoncer au Tribunal du Recteur, à l'effet d'être procédé contr'eux par les peines académiques. Eft-ce par zéle, eft-ce par efprit de parti que le fieur l'Allemand a été porté à prendre ces conclufions? Quoiqu'il en foit, on verra dans la fuite qu'elles ne tendent à rien moins qu'à renverfer toute la difcipline de l'Univerfité.

Dans cet état, il a été rendu Arrêt entre toutes les parties le 7. Septembre 1742. qui a ordonné qu'elles en viendroient à l'Audiance, toutes chofes cependant demeurant en état : telle eft la procédure qui a été tenuë jufques ici.

Mais depuis que l'Univerfité eft dans l'attente de l'inftant où la Cour pourra accorder à la difcuffion de cette caufe le tems précieux de fon Audiance, des Conciliateurs refpectables ont voulu s'entremettre : l'évenement n'a pas répondu à la droiture de leurs intentions, & l'on a pris de-là occafion d'infinuer dans le public & auprès des Magiftrats, que la difcorde ne continuë à regner dans la Faculté des Arts, que par l'entêtement d'une prétenduë cabale qui s'eft formée, dit-on, dans les Nations. Comme ces difcours malignement répandus pourroient peut-être faire quelque impreffion, les Nations qui ne font pas moins jaloufes d'obferver les procédés, que de conferver leurs droits, font obligées de rendre compte en un mot de cette négociation, & des raifons qui l'ont renduë infructueufe.

Au mois de Juin dernier, le fieur Exrecteur fit propofer aux Nations un projet d'arrangement contenant différens articles, par lefquels on décidoit contr'elles par provifion, à la vérité, tous les points qui font en conteftation ; on privoit du droit de fuffrage tous les fupôts au-deffous de 30. ans ; fi en procédant à l'élection du Recteur il s'élevoit une conteftation femblable à celle-ci, le Recteur affifté de fon Confeil préfent étoit autorifé à y ftatuer fur le champ : en un mot, les Nations dans cet accommodement perdoient leur procès par provifion, & il ne leur reftoit d'autre reffource que de pourfuivre en la Cour le Jugement du fond, que l'on éloigneroit enfuite autant que l'on pourroit.

Quoique ce projet bleffât ouvertement tous les droits des Nations, cependant il leur fut communiqué par des perfonnes d'un fi grand poids, qu'il ne fut point d'abord rejetté ; mais on entra en explication ; on entreprit de le temperer par des articles de modification ; fur ces articles on fit des notes ; en un mot, il n'eft forte d'ouvertures que les Nations n'ayent écouté, de temperamens auxquels elles n'ayent defiré de fe prêter : on pourroit en attefter le témoignage d'un grand Prélat, & celui d'un Magistrat respectable, qui ont bien voulu être les organes de cette négociation.

Mais où pouvoient conduire tous ces mouvemens? Dans la situation où se trouve la Faculté des Arts, il étoit évident qu'il n'y a qu'un Arrêt de la Cour qui puisse lui rendre la paix. En effet, la contestation est engagée en la Cour, l'Arrêt du 7. Septembre 1742. a ordonné qu'on en viendroit à l'Audiance, toutes choses demeurant en état; dans cette position, on ne pouvoit constamment rien arrêter, soit diffinitivement, soit provisoirement, que de l'autorité de ce Tribunal auguste, & sur les conclusions du ministère public : & d'un autre côté, il est certain que la Cour n'auroit pû rien approuver ni écouter qui ne fut conforme aux Statuts & aux Réglemens ; or le projet en question y étoit contraire dans tous les points, par conséquent, il n'étoit nullement acceptable.

Les Nations malgré leur respect pour les négociateurs & leur amour sincére pour la paix, ont donc été obligées d'attendre que la Cour, par un Arrêt diffinitif, terminât le fond de la contestation.

MOYENS.

L'appel & les interventions, présentent trois objets principaux à discuter.

En premier lieu, l'appel, comme de Juge incompétant, interjetté du Jugement du sieur Exrecteur, offre la question de sçavoir si il a eu le droit de connoître avec son Conseil présent, de l'appel interjetté par le sieur Poirier, de la conclusion de la Nation de France qui avoit confirmé l'élection faite par la Tribu de Paris du sieur Hamelin pour Intrant. Sur ce premier point qui intéresse essentiellement la Faculté des Arts, les trois Nations de France, de Picardie & de Normandie se joignent au sieur Hamelin pour soutenir que le Jugement est nul par deffaut absolu de pouvoir.

En second lieu, le fond de l'appel interjetté par le sieur Hamelin du même Jugement rendu par le sieur Exrecteur, fait naître la difficulté de sçavoir qui des deux Aspirans à l'Intrance doit y être maintenu, & si c'est la pluralité des suffrages presque unanimement réunis en faveur du sieur Hamelin, ou le privilége de la dignité de Procureur reclamé par le sieur Poirier qui doit l'emporter. Ici c'est la Nation de France en particulier, qui intéressée à conserver la liberté de ses élections, prend le fait & cause du sieur Hamelin.

En troisiéme lieu enfin l'intervention du sieur l'Allemand donne encore lieu à un dernier objet de discussion; car non content d'adhérer aux conclusions du sieur Poirier, & de soutenir le Jugement du sieur Exrecteur; il porte ses vûës sur l'avenir, & il demande à la Cour un Réglement dont il faudra examiner le détail.

PREMIER OBJET.

*Concernant l'Appel comme de Juge incompétant interjetté du Jugement du
fieur Exrecteur du 23. Juin 1742.*

C'eſt une maxime de droit public, que le plus grand deffaut qui
puiſſe ſe rencontrer dans un Jugement, eſt le deffaut de pouvoir
dans le Juge qui l'a rendu : *Non eſt in judice major defectus quam defectus poteſtatis.* Sur ce principe qui eſt le fondement de l'ordre judi-
ciaire, examinons ſi le ſieur Exrecteur aſſiſté de trois Procureurs de
Nations [qu'il appelle ſon Conſeil preſent dans la Faculté des Arts]
a pû reformer par la voye de l'appel, la concluſion renduë par la
Nation de France au ſujet de l'Intrance ? Queſtion vrayement importante pour la Faculté des Arts ; car ſi cette entrepriſe eſt autoriſée,
tout eſt renverſé dans cette Faculté. Le Recteur qui tient ſon pouvoir des Nations & qui leur eſt ſubordonné, devient leur Supérieur &
leur Juge reformateur.

Pour faire voir juſqu'où le ſieur Exrecteur & ſon prétendu Conſeil
ont porté l'illuſion en rendant ce Jugement, on va établir deux Pro-
poſitions. La premiere, que dans le droit, le Tribunal du Recteur,
quand il auroit été reguliérement convoqué & aſſemblé, n'auroit
pas été compétant pour connoître de l'appel de la concluſion de la
Nation de France : & la ſeconde, que dans le fait le Jugement dont
eſt queſtion n'a pas même été rendu par ce Tribunal, mais par quatre
Particuliers ſans caractére & ſans droit. Développons ces deux idées,
& l'on verra que ce Jugement, ſous quelque face qu'on le conſidére,
eſt de la part de ceux qui en ſont les auteurs l'abus le plus ſenſible
de leur pouvoir.

PREMIERE PROPOSITION.

*Le Tribunal du Recteur, quand il auroit été reguliérement convoqué &
aſſemblé, auroit été incompétant.*

Pour parvenir à l'établiſſement de cette Propoſition, il eſt un premier point, dont il faut d'abord s'aſſûrer. C'eſt que la Nation de France
ayant confirmé l'Intrant élû par la Tribu en tour, on ne pouvoit ap-
peler de cette délibération aux Nations aſſemblées, ni même à l'Univerſité en corps : cette vérité importante ſera la baze de la démonſtration qu'on va mettre ſous les yeux de la Cour.

L'Univerſité de Paris, ainſi qu'on l'a obſervé en commençant,
embraſſe pluſieurs corps, qui pour la former, ſe réuniſſent ſans ſe
confondre : c'eſt pourquoi on y diſtingue pluſieurs ſortes d'aſſemblées.

Indépendemment de l'Aſſemblée de l'Univerſité en corps, où tou-
tes les Facultés aſſiſtent, où le Recteur préſide, & qu'on appelle
Centuriata Comitia ; il y a deux ſortes d'Aſſemblées particuliéres :
Premierement ,

Premierement, celles de chaque Faculté ; ainſi la Faculté des Arts, compoſée des quatre Nations, a le droit de s'aſſembler pour regler les affaires qui la concernent ; le Recteur eſt à la tête, on y opine par Nation, & chaque Supôt immatriculé y a droit de ſuffrage. *En ſecond lieu*, les quatre Nations ont auſſi chacune leur Aſſemblée, parce que ce ſont des corps diſtincts les uns des autres, qui ont des ſtatuts & des uſages différens & leurs revenus à part : ici ce n'eſt plus le Recteur, mais le Procureur de la Nation qui remplit cette fonction ; il met en délibération, le Cenſeur donne ſes concluſions, & chacun donne ſon ſuffrage, par tête ou par Tribu, ſuivant l'uſage de chaque Nation. Dans celle de France, on opine par Tribu, & l'on conclud à la pluralité des Tribus.

Telle eſt en général l'œconomie du gouvernement de l'Univerſité : on voit que dans chacune de ces Aſſemblées, tous les Supôts ont droit de ſuffrage, & c'eſt toujours la pluralité qui décide ; ce qui a fait dire au ſieur Duboulay, qui a écrit l'Hiſtoire de l'Univerſité, que c'étoit un gouvernement démocratique ou populaire, le pouvoir du corps réſidant également ſur tous les Membres. Mais ce qui eſt le plus néceſſaire à obſerver, c'eſt que comme les Facultés & les Nations ſont des corps indépendans les uns des autres, & regis par des ſtatuts différens; chacune de ces Aſſemblées a dans ſa ſphére le pouvoir de regler toutes les choſes qui la regardent, ſans qu'une autre Aſſemblée puiſſe la réformer. Ainſi la Faculté des Arts ne réformera pas ce qui aura été reglé dans une Nation, ni l'Univerſité aſſemblée ce qui aura été décidé par la Faculté des Arts.

De ces Notions générales, deſcendons à ce qui regarde l'élection du Recteur : la maniére d'y procéder eſt fixée par des regles conſtantes.

Une premiere regle qui a déja été remarquée, c'eſt que le Recteur doit être tiré du ſein de la Faculté des Arts, & élû par elle à l'excluſion des Facultés ſupérieures.

Une ſeconde, c'eſt que la Faculté des Arts conſomme cette élection par l'organe de quatre Intrans, entre les mains deſquels elle dépoſe ſon pouvoir, & chaque Nation a le droit de nommer un de ces Intrans.

Enfin, comme la Nation de France, la premiere & la plus nombreuſe de la Faculté des Arts, eſt compoſée de cinq Tribus, chacune de ces Tribus jouit alternativement du droit de nommer l'Intrant de cette Nation. * *Jus eligendi quatuorvirum deſignatorem ampliſſimi Rectoris viciſſim ad ſingulas Tribus ſuo ordine devolvitor :* Et l'Intrant nommé par la Tribu qui eſt en tour, doit être enſuite confirmé par toute la Nation.

* Statuts de la Nation de France, Ch. 8. Art. 3.

Suivant ces regles invariables, la Tribu en tour aura élû un Intrant, la Nation aſſemblée l'aura enſuite confirmé : voilà une concluſion renduë par la Nation. Qui dans l'Univerſité pourroit avoir l'autorité de la réformer ? Sans doute ce ne ſera pas l'Univerſité en corps, car l'élection du Recteur ne regarde que la Faculté des Arts : les autres Facultés ne peuvent y prendre aucune part. Seroit-ce donc la Faculté des Arts, c'est-à-dire, les Nations assemblées qui pourroient infirmer la conclusion émanée de l'une d'entr'elles ? Autrefois ce point a été mis en question, mais depuis il a été décidé par un Arrêt célebre du 13. Décembre 1713. qui ne permet plus de le révoquer en doute.

Dès le 16. Décembre 1673. la Nation de France avoit rendu une conclusion portant que ce qui y seroit décidé à la pluralité des Tribus, ne pourroit être porté par appel aux autres Nations, attendu qu'elles n'ont point de jurisdiction l'une sur l'autre. En 1711. cette décision fut renouvellée par une autre conclusion de la même Nation du 24. Mars ; mais en 1713. quelqu'un s'étant encore avisé d'interjetter un semblable appel ; on prit enfin le parti de déraciner entiérement cet abus qui étoit une source de division dans la Faculté. Dans cet objet les trois Nations de France, de Picardie & d'Allemagne, firent les 27. 31. Octobre & 9. Novembre 1713. trois conclusions, par lesquelles il fût arrêté qu'on ne pourroit desormais appeller d'une Nation aux autres : voici entr'autres de quelle maniére s'expliqua la Nation de France, *Placuit servari jura & suffragia singularum honorandæ Nationis Tribuum adeo ut si quis Tribulis læsum se fuisse queratur in sua Tribu, suam possit ad alias Tribus quæ unum & idem cum ipsa corpus honorandæ Nationis efficiunt querelam deferre, ac pluralitate suffragiorum Tribuum, in quibus numerabitur suffragium ejus Tribús de qua querela erit, controversia dirimatur, quâ diremptâ non liceat ad alias adire Nationes, ut potè quæ non sunt unum & idem corpus cum honoranda Natione, sed sunt ordines inter se plane distincti, qui suis legibus & usibus reguntur & vivunt, quique idcircò nullum in se se mutuò jus exercere possunt.* Les Nations de Picardie & d'Allemagne, s'expriment à peu près de même dans leurs conclusions ; & si celle de Normandie n'en fit point rediger de semblable, c'est qu'elle n'a point de statuts écrits, elle n'a pour regles que sa tradition & ses usages.

Ces délibérations ayant été prises du commun accord de toutes les Nations, afin que cela devint une Loy fixe & invariable pour la Faculté des Arts. Les Doyens & Supôts des nations présenterent leur Requête à la Cour, & sur les Conclusions de M. Daguesseau, alors Procureur Général, ils obtinrent Arrêt, par lequel la Cour les homologua, pour être exécutées selon leur forme & teneur. On insera dans le même Arrêt une réserve de la jurisdiction du Recteur & de son Conseil, c'est une disposition dont on examinera dans la suite le sens & l'effet. Concluons seulement ici que suivant cet Arrêt la Faculté des Arts assemblée n'a point de jurisdiction ni de ressort sur une Nation qui a usé de son droit en confirmant un Intrant nommé par une de ses Tribus, mais que cela forme à son égard un jugement irréformable.

Aussi cette vérité a-t-elle été bien nettement reconnuë par le sieur Exrecteur dans le Jugement qu'il a rendu ; car sur ce que le sieur Poirier paroissoit vouloir adresser son appel aux Nations, le sieur Exrecteur déclara qu'il ne l'entendoit point ainsi, parce qu'il sçavoit que les Nations ne pouvoient point en connoître, *Sibi nulla tenus in animo esse ,* ce sont ces termes : *Ut rem nationibus proponeret ad deli-berandum siquidem probè sciret prohiberi ne ejus modi controversiæ ad judi-cium nationum deferantur.* Il est donc, on le repéte, bien certain & bien reconnu que les nations assemblées n'auroient pas été en droit de réformer le jugement porté par la Nation de France au sujet de son Intrant.

Ce fondement posé, venons à ce qui concerne la compétance du Tribunal Rectoral.

Ce que les Nations assemblées, ni même l'Université en corps, n'auroient pas été en droit de faire, est-il possible que le Recteur assisté de son Conseil, l'eut pû ? Il faut convenir que du moins cela n'est pas vraisemblable. Qu'on dise tant que l'on voudra que le Rec-teur est le chef de la Faculté des Arts & de l'Université ; que l'on vante cette Magistrature académique ; que l'on rappelle même l'ancien lus-tre & les distinctions éclatantes qui environnoient autrefois le Siége Rectoral , nous nous garderons bien de répandre des ombres sur des avantages que les Nations partagent ; mais tout cela ne peut rien con-clure ici. Le chef d'une compagnie n'en est pas le réformateur , & ne peut jamais avoir plus de pouvoir que son corps ; & dès qu'il est averé que la Faculté des Arts ou l'Université même , le Recteur à la tête , n'auroient pas pû infirmer la conclusion de la nation de France, dire que le Recteur, assisté seulement de son Conseil, ait pû le faire , c'est une idée qui révolte. Concluons de-là que puisque ce prétendu pouvoir du Recteur, est si peu vraisemblable , il faudroit pour l'au-toriser , que du moins il fut établi par quelque statut positif, ou par quelque Reglement de la Cour , sans quoi , si cette prétention n'est appuyée sur aucun titre précis, elle ne peut passer que pour une en-treprise qui offense le bon ordre & la raison.

Voyons donc ce qu'on peut alléguer pour justifier ce pouvoir du Recteur. Sans doute il a une jurisdiction dans l'Université ; mais quel en est le principe ? Quelle en est l'étenduë ? C'est ce qu'il faut examiner : Les bornes sont posées, il ne s'agit que de les recon-noître.

Le Tribunal Rectoral est fondé sur l'Article **XX.** de l'Appendix des Statuts généraux de l'Université , redigé & enregistré en la Cour en 1600. Voici comment cet Article est conçû.

Sit penes Rectorem ex consilio Decanorum superiorum Facultatum & Procuratorum Nationum potestas cognoscendi & judicandi de controversiis inter Gymnasiarchas, Præceptores, Pædagogos, & Magistros de re Scholas-ticâ ortis ; is primùm adeatur : si causa gravior ab eò sit provocatio.

Toutes ces expressions sont précieuses, & le Tribunal du Recteur s'y trouve parfaitement caractérisé : En effet, qui sont les Juges qui composent ce Tribunal ? Le Recteur, les trois Doyens des Facultés supérieures , & les quatre Procureurs des Nations : *Sit penes Rectorem ex Consilio Decanorum superiorum Facultatum, & Procuratorum Nationum potestas cognoscendi :* Qui sont les Justiciables ? Les Principaux des Col-léges, les Précepteurs , les Maîtres ; *Inter Gymnasiarchas, Præceptores, Pædagogos & Magistros :* Ainsi il n'y a que les particuliers qui puissent être traduits à ce Tribunal ; mais les Nations & les autres corps qui compofent l'Univerfité, n'y peuvent pas être cités. De quelles matiéres connoîtra ce Tribunal ? *De re Scholafticâ* feulement, c'eft-à-dire, de la police ordinaire des Colléges, mais non pas des matiéres qui peuvent intéreffer le gouvernement de l'Univerfité & des corps qu'elle contient.

Mais il y a plus encore, & c'eft ici où l'on reconnoît combien eft étroite & referrée la compétance de ce Tribunal : non-feulement il n'eft point le Juge des Facultés ni des nations, mais même il ne peut décider entre particuliers que des conteftations légéres ; & pour peu que l'affaire foit grave, on appelle de fes Jugemens : *Is primum adeatur; fi caufa gravior ab eo fit provocatio.*

Enfin il eft encore important de confidérer comment les Procureurs des Nations qui font appellés à ce Tribunal, doivent s'y comporter. Si on met en déliberation quelque affaire légére, ils peuvent fur le champ porter leurs fuffrages au nom de leurs Nations ; fi l'objet eft important, ils doivent prendre un délai pour en conférer avec ceux de leurs Nations ; autrement le tout eft nul. C'eft la difpofition précife de l'Article IV. du Chap. 2. des Statuts de la nation de France. *Si quid levioris rei in deliberationem venerit ipfe totius Nationis nomine fententiam ferto ; fi quid majoris & gravioris momenti inciderit confultandi fpatium fumito : fi fecus fecerit, totum id irritum efto.* On trouve auffi dans les Statuts des autres Nations des difpofitions femblables.

De la réunion de tous ces traits, il réfulte évidemment que la jurifdiction accordée par nos Rois à l'Univerfité, réfide proprement & primitivement fur tous les corps qui la compofent, ainfi que Duboulay l'attefte dans fon Hiftoire : *Primariam primigeniamque jurifdictionem in* Tom. 3. pag. 595. *Univerfitate, in Facultate artium, in fingulis facultatibus & nationibus refidere quem admodum olim romæ judicia penes populum erant, ab eoque legitimè ferebantur.* Mais comme un corps auffi nombreux ne pourroit pas s'affembler affés fréquemment pour décider toutes les conteftations qui furviennent, l'Univerfité délegue fon pouvoir au Recteur & aux fept Chefs des corps qui la compofent, afin que la juftice foit plus facilement renduë. Ainfi le Tribunal Rectoral ne tire fon pouvoir que de l'Univerfité même, & c'eft elle qu'il repréfente dans l'exercice de fa jurifdiction ; mais ce pouvoir eft reftraint à ftatuer fur les matiéres légéres, & fi l'objet eft de quelque importance, il y a appel. Bien loin donc qu'il foit Juge entre les Corps de l'Univerfité, bien loin qu'il ait fur eux aucun reffort ni fupériorité, il n'a au contraire de pouvoir que ce qu'ils lui en communiquent, & lorfqu'il en abufe, ils peuvent le réformer.

La compétance du Tribunal Rectoral étant ainfi déterminée, comment pourroit-on foutenir qu'il eût été en droit de réformer la conclufion rendue par la Nation de France, au fujet de l'Intrance ?

On fuppofe que, le Recteur ayant convoqué tout fon Confeil, tous les Doyens des Facultés fupérieures, & tous les Procureurs des nations y euffent affifté ; de quel droit euffent-ils infirmé la conclufion

de

de la Nation de France ? Ce Confeil compofé de tous les Chefs, eft établi pour repréfenter le corps de l'Univerfité ; ici ce n'eft point une affaire de l'Univerfité en général, car le droit d'élire le Recteur n'appartient qu'à la Faculté des Arts ; les Facultés fupérieures, ni leurs Doyens, n'y doivent prendre aucune part. Ce Confeil ne connoît que des conteftations légéres entre particuliers, *de re Scholaftica.* Ici c'eft un objet qui intéreffe la Nation de France & toute la Faculté des Arts. Enfin, ce qui eft inconcevable, ce Confeil ne tient fon pouvoir que des corps de l'Univerfité, c'eft devant eux qu'il reffortit, & il pourroit ftatuer fur une conteftation fur laquelle ces mêmes corps féparés, ou réunis n'ont pas le droit de prononcer, il pourroit réformer la conclufion d'une Nation d'où émane en partie fon pouvoir, d'une Nation, qui avec les autres compagnies, a le reffort fur lui-même ! Y a-t-il rien au monde de plus abfurde & de plus contradictoire ?

Contre tant d'autorités & de raifons, en vain allégueroit-on la réferve portée par l'Arrêt de 1713. il eft vrai que cet Arrêt en homologuant les conclufions qui deffendent les appels d'une Nation aux autres, ajoûte *fans toutefois rien innover, ni préjudicier au droit de jurifdiction du Recteur affifté de fon Confeil fuivant les Statuts & l'Appendix d'iceux de ladite Univerfité, vérifiés & autorifés par la Cour.* Mais quelle conféquence pourroit-on en tirer ici ? Une fimple referve n'ajoûte rien au droit de celui en faveur de qui elle eft faite, elle ne fait que conferver celui qu'il pouvoit avoir auparavant. Il y a plus ici ; car, afin de prévenir toute équivoque, la difpofition porte précifément que la jurifdiction demeurera confervée *fuivant les Statuts & l'Appendix* qui en fixent l'étendue & qui en déterminent les bornes : c'eft donc toujours là qu'il en faut revenir. Or on vient de voir que bien loin qu'on y trouve de quoi établir la compétance du Recteur, le contraire y eft clairement prouvé. Difons-le donc avec confiance, quand le Tribunal Rectoral auroit été réguliérement convoqué & affemblé, il eft conftant dans le droit qu'il n'auroit pas eu le pouvoir de connoître de l'appel interjetté par le fieur Poirier de la conclufion de la Nation de France. Venons maintenant dans le fait à ce qui s'eft paffé, & nous verrons que ce n'eft pas même le Tribunal Rectoral qui a prononcé.

SECONDE PROPOSITION.

Ce n'eft pas même le Tribunal Rectoral qui a prononcé.

Pour fe convaincre de cette vérité, il ne s'agit que de confidérer d'un côté de quels Officiers ce Tribunal eft formé, & d'un autre qui font ceux qui ont prononcé le Jugement dont eft appel.

On a vû que par l'Article XX. des Statuts généraux de l'Univerfité, le Recteur, les trois Doyens des Facultés fupérieures, & les quatre Procureurs des Nations, doivent être convoqués au Tribunal, & que c'eft à ces huit Officiers que l'exercice de cette jurifdiction eft confié.

D

On peut d'autant moins négliger d'y appeller les Doyens des Facultés supérieures que l'Article XXI. du même Appendix, deffend au Recteur de juger sans eux, à peine de nullité ; *De rebus ad Academiam pertinentibus Rector nihil statuat inconsultis superiorum Facultatum decanis : Si quid secus fiat, irritum habeatur.* Ils sont donc associés à la jurisdiction, le pouvoir réside sur leurs têtes, ainsi que sur celles du Recteur & des Procureurs solidairement & indivisiblement.

Or comment le sieur Exrecteur s'est-il comporté ? Il n'a point appellé les Doyens des Facultés supérieures, il a seulement assemblé les trois Procureurs des Nations de Picardie, Normandie & Allemagne ; & au lieu de huit Juges qui auroient dû concourrir, ce sont quatre personnes seulement qui ont jugé. Peut-on reconnoître là le Tribunal Rectoral ? Non sans doute, car ce Tribunal ne peut exister que dans l'assemblée de tous ses Membres ; du moins il en suppose la convocation. Ce n'est donc pas ici le Recteur & son Conseil, mais ce sont quatre particuliers qui sans aucun droit ont porté une décision qui n'a pas le caractére d'un jugement.

Sous quels prétextes prétendra-t-on excuser un vice aussi essentiel ? Voici de quelle maniére le sieur Exrecteur s'en est lui-même expliqué dans le préambule de son jugement.

Lorsque le sieur Poirier eut interjetté son appel de la conclusion de la Nation de France, l'Exrecteur déclara qu'il n'entendoit point que cet appel fut porté devant les Nations, mais que comme il étoit nécessaire d'y statuer sur le champ, il alloit lui-même le juger avec les Procureurs des Nations, en présence du Pro-Syndic & du Greffier, ce qui forme, dit-il, le Conseil ordinaire du Recteur dans les affaires particuliéres à la Faculté des Arts : *Itaque*, dit-il, *se de presenti provocatione & intercessione una cum ornatissimis Procuratoribus exquibus constat ordinarium Rectoris in iis negotiis quas ad solam artium Facultatem pertinent consilium assistentibus Pro-Syndico & Scribá cogniturum & de plano pronunciaturum.* Voilà donc quels sont les motifs qui ont déterminé l'Exrecteur à s'arroger avec trois Procureurs de Nations le droit de juger : d'un côté on suppose qu'il y avoit nécessité qu'il fut statué sur le champ sur la contestation ; & d'un autre, que l'Exrecteur pouvoit en connoître étant assisté de son Conseil ordinaire pour les affaires qui ne concernent que la Faculté des Arts : mais comment a-t-on pû proposer de pareilles illusions ?

D'abord il n'y avoit aucune nécessité de statuer sur le champ sur l'objet qui étoit en contestation ; la Tribu en tour avoit élû un Intrant, toute la Nation l'avoit confirmé, par-là tout étoit consommé. Il est vrai que le sieur Poirier avoit encore interjetté appel de la conclusion de la Nation, mais cet appel illusoire ne devoit point suspendre l'élection du Recteur ; autrement & si parce qu'il y avoit un appel on en infere une nécessité de le juger sur le champ, quand le Tribunal Rectoral aura prononcé, il n'y aura qu'à encore en appeller ; il y aura donc même nécessité de juger ? Qui ne voit que le Tribunal du Recteur, forme un dégré de jurisdiction superflu, & qu'il n'y avoit pas plus d'inconvenient d'exécuter par provision, & nonobſtant l'appel la concluſion de la Nation que le jugement du Recteur.

Mais ces conſidérations ſont ici ſuperfluës : ce n'eſt pas par des raiſons de convenance qu'on établit une compétance. Toute juriſdiction émane de l'autorité Royale, & ne peut être exercée que conformement au titre qui l'établit. Il en a été accordé une à l'Univerſité ; pour l'exercer, on a établi le Conſeil Rectoral, on en a déſigné les Membres, & reglé le pouvoir. Or huit Officiers le compoſent & en partagent l'autorité ; ſi ils ne ſont pas tous préſens, du moins il eſt conſtant qu'ils doivent avoir été appellés : ici en voilà la moitié qui non-ſeulement n'ont pas aſſiſté au jugement, mais qui n'y ont pas même été appellés. Ce n'eſt donc pas le Tribunal Rectoral qui a prononcé.

On ne peut échapper à cette conféquence, qu'en ſuppoſant que le Recteur a deux Conſeils, deux Tribunaux différens ; l'un pour les affaires qui regardent l'Univerſité en général, & qui eſt compoſé, tant des Doyens des Facultés ſupérieures, que des Procureurs des Nations ; l'autre pour les affaires particuliéres de la Faculté des Arts, où il n'eſt aſſiſté que des Procureurs des Nations : c'eſt ce que l'Exrecteur appelle ſon Conſeil ordinaire préſent dans la Faculté des Arts. Mais rien de plus chimérique que cette diſtinction.

On la déja dit, on ne peut reconnoître dans l'Univerſité d'autre Juriſdiction, d'autre Tribunal, que ce qui eſt reglé par les Statuts. C'eſt un point de fait, ſur lequel tous les raiſonnemens ſont ſuperflus. Or qu'on les examine tant qu'on voudra, on n'y trouvera que l'établiſſement d'un ſeul Conſeil Rectoral, compoſé des Chefs de tous les corps de l'Univerſité ; mais il n'y a aucune mention, aucune trace de ce Conſeil particulier, qu'on ſuppoſe être pour la Faculté des Arts : donc il n'exiſta jamais.

Il y a plus ; cette idée eſt entiérement oppoſée à l'eſprit du gouvernement de l'Univerſité. On a établi que ſa juriſdiction réſide principalement ſur tous les Corps qui la compoſent, & que le Recteur ne l'exerce que comme repréſentant ces Corps qui ne pourroient être que difficilement raſſemblés ; or de même ſi le Recteur avoit un Tribunal particulier dans la Faculté des Arts, le caractére de ce Tribunal ne pourroit être que de repréſenter cette Faculté à l'effet de regler, ce que n'étant pas aſſemblée, elle ne pourroit pas regler elle-même. Mais dans l'eſpece préſente, la Faculté des Arts étoit préſente ; c'eſt au milieu de ce corps aſſemblé, que l'Exrecteur a prétendu s'ériger un Conſeil inoüi juſqu'alors, un Conſeil ſupérieur à cette Faculté même : une pareille idée n'eſt-elle pas le renverſement de l'ordre preſcrit par les Statuts ?

Il n'y a donc pas ombre de prétexte à imaginer que le Recteur puiſſe avoir un Conſeil particulier dans la Faculté des Arts ; mais il n'a de caractére pour juger qu'autant qu'il eſt à la tête du Tribunal Rectoral auquel il doit appeller les Chefs de tous les corps de l'Univerſité.

Le ſieur Exrecteur dira peut-être, ſi j'avois appellé les Doyens des

Facultés supérieures, j'aurois blessé le droit de la Faculté des Arts à qui l'élection du Recteur appartient à l'exclusion des autres Facultés. Ce raisonnement est précisément ce qui prouve que l'Exrecteur n'avoit de toutes maniéres aucun droit de juger : car deux points sont également constans ; l'un que le Recteur n'a de droit pour juger, que conjointement avec les Chefs de tous les corps ; l'autre que tous ces Chefs réunis représentans l'Université en général, ne pouvoient pas connoître d'une contestation particuliére à la Faculté des Arts : Donc à tous égards l'Exrecteur étoit sans pouvoir. Avec les Officiers de son Tribunal, il étoit juge incompétant ; sans eux il n'avoit pas même caractére de juge, & comme ils n'ont pas été convoqués, il est exactement vrai de dire que ce n'est pas le Tribunal Rectoral qui a prononcé.

On se flatte d'avoir parfaitement établi les deux Propositions qui ont été annoncées. Quand le Conseil Rectoral auroit été reguliérement convoqué & assemblé, il n'auroit pas été en droit de connoître de l'appel de la conclusion de la Nation de France ; & quand ce Conseil auroit été compétant, le jugement dont on se plaint seroit toujours nul, parce qu'il n'en porte point le caractére, & qu'il n'en a point l'autorité. Chacune de ces Propositions prise séparément, suffiroit pour justifier l'appel comme de Juge incompétant, interjetté par les Nations ; mais lorsqu'on voit qu'elles sont prouvées l'une & l'autre avec une égale évidence, qui ne seroit étonné, que le sieur Exrecteur & ses adhérans ayent assés présumé de leur pouvoir pour rendre un tel jugement, que l'on entreprenne sous les yeux de la Cour de le soutenir, & que l'on propose même d'en faire un reglement ?

Quelles conséquences, une telle prétention, si elle pouvoit réussir, n'entraineroit-elle pas ? Qu'on autorise le Recteur assisté de quelques Procureurs à infirmer les conclusions renduës par les Nations pour l'élection ou la confirmation des Intrans, le voilà maître de l'élection & de se donner tel Successeur qu'il voudra. Il y a plus, comme les abus vont toujours en augmentant, bientôt cette autorité usurpée sera étenduë d'un cas à un autre ; ainsi il s'élevera au milieu de la Faculté des Arts un Tribunal nouveau, dans lequel trois ou quatre personnes détruiront ce qui aura été décidé par des Corps très-nombreux, & quoi qu'ils n'ayent d'autre pouvoir que celui qu'ils tiennent de ces corps même, ils en deviendront les réformateurs. Peut-on craindre un seul instant que la Cour puisse autoriser un systême aussi contraire aux Statuts de l'Université & à l'esprit de son gouvernement ?

On vient de voir que le sieur Exrecteur a prononcé incompétamment & sans pouvoir, prouvons maintenant qu'au fond il a mal jugé en adjugeant l'Intrance au sieur Poirier à l'exclusion du sieur Hamelin.

SECOND

SECOND OBJET.

Au fond le fieur Exrecteur a mal jugé.

Le fieur Hamelin avoit été élû Intrant par la Tribu en tour, & confirmé par la Nation de France; le fieur Poirier au contraire prétendoit que l'Intrance lui appartenoit de droit en qualité de Procureur, foutenant que celui qui a cette dignité dans la Nation, eft Intrant né lorfque la Tribu de laquelle il eft originaire fe trouve en tour de nommer. Ce prétendu privilége de la place de Procureur eft-il fondé? Ou n'eftce au contraire qu'une illufion? C'eft le feul point qu'il s'agit d'examiner.

D'abord il faut avoüer qu'un tel privilege feroit fort oppofé à l'idée du droit d'élection, dont l'effence eft de ne pouvoir être reglé que par la pluralité des fuffrages. La Faculté des Arts a le droit d'élire le Recteur, chaque Nation confomme ce droit en nommant un Intrant dépofitaire de fon pouvoir, & l'Intrant de la Nation de France eft nommé alternativement par chacune de fes Tribus: *Jus eligendi quatuorvirum viciffim ad fingulas Tribus fuo ordine devolvitor.* Ainfi c'eft dans le choix de l'Intrant que confifte tout le droit de l'élection, c'eft pourquoi les Intrans font nommés par les Statuts, *Selecti quatuorviri, Lectiffimi viri.* Or fi le Procureur de la Nation eft Intrant né quand fa Tribu fera en tour, vainement tous les Supôts donneront-ils leurs fuffrages à un autre, il n'y a point de choix ni d'élection à faire; vous anéantiffés le droit que les Statuts déférent à la Tribu; & comme chaque Tribu en cas pareil éprouvera la même contrainte, vous bleffés le droit de la Nation entiére, ou plûtôt de toutes les Nations dont tous les Procureurs ne manqueront pas de reclamer le même privilege. En un mot, il y aura un Cas où les Supôts feront privés du droit de fuffrage qui leur appartient, & ce Cas fe préfentant aujourd'hui dans une Nation & demain dans une autre, reviendra fi frequemment qu'il n'y aura prefque point d'élection libre. Il eft donc déja bien fenfible que le privilége reclamé par le fieur Poirier, eft inconciliable avec l'idée d'une élection libre & réguliére.

Mais allons plus loin; ce privilége tend à faire renaître dans la Faculté des Arts des abus que l'on a pris un foin particulier de prévenir dans la réformation de l'Univerfité.

Pourquoi en effet a-t-on introduit dans l'Univerfité cette maniére d'élection par la voye des Intrans? Il eft aifé d'en pénétrer le motif. En reglant la forme de fon gouvernement, un des principaux objets qu'on ait eû en vûë, a été d'empêcher que l'on ne pût parvenir au Siége Rectoral par la voye des follicitations & des brigues, & on n'a négligé pour cela aucune précaution.

L'Article LXXII. des Statuts généraux, deffend les brigues fous les peines les plus graves: *Nullus in pofterum emendicatis vel prece vel prætio, aut ambitiofè conquifitis fuffragiis, in Univerfitatis Rectorem eligatur, fed ad eam dignitatem tantùm promoveatur qui non ambierit & capax*

& idoneus & Universitati utilis à selectis viris fuerit indicatus. Voilà la deffense ; voici la peine, *qui malis artibus ad illum Magistratum provectus fuerit, Magistratu & privilegiis Universitatis privetur & quadraginta nummis aureis pauperibus erogandis multetur.*

On ne s'est pas contenté de ces deffenses & de ces peines contre les brigues. Un moyen plus efficace pour les empêcher, a été de regler la forme de l'élection de telle maniére, qu'elles devinssent même impossibles. C'est dans cet objet que l'on a voulu que cette élection se fit, non par le concours d'une multitude de suffrages dont on auroit pû s'affûrer ; mais par le ministére seulement de quatre Supôts purs & intégres qui consommeroient le droit des Nations : & afin que ces quatre Compromissaires ne pussent pas même être sollicités ni prévenus, [ce qui est surtout remarquable] il a été reglé qu'ils éliroient le Recteur dans le même moment, pour ainsi dire, auquel ils seroient élûs Intrans ; ainsi comme le Recteur n'est nommé que par les Intrans, & que jusqu'à l'instant de l'élection, on ignore qui seront les Intrans, il ne reste point de ressource à la corruption ni à la brigue ; & l'ambition se trouve comme enchaînée. Voilà sans doute l'objet que l'on s'est proposé en établissant cette forme d'élection, qui en effet est de tous les moyens le plus efficace pour écarter du Siége Rectoral des Sujets indignes qui ne pourroient y monter par de tels degrès, sans le deshonorer.

Or la prétention du sieur Poirier tend visiblement à enfraindre des regles si sages ; on se gardera bien de faire ici aucune application. Quelque extraordinaire que paroisse le zéle que ce Procureur témoigne pour soutenir le prétendu droit de sa place, on veut croire qu'il n'a point d'autre motif, & qu'il n'avoit point été prevenu par celui auquel il comptoit donner sa voix pour le Rectorat, nous parlons dans la thése générale. Il est certain que si ce privilége des Procureurs des Nations avoit lieu, & qu'ils pussent dans aucun cas être Intrans nés, ceux qui aspireroient au Rectorat auroient le tems de les pratiquer & de les attirer à leur parti par toutes les voyes que l'ambition peut suggérer. Ces Intrans nés ne seroient pas tous inaccessibles, ni peut-être même incorruptibles ; ainsi voilà la porte ouverte aux abus qu'on a voulu prévenir. Il est vrai que tous les Procureurs des Nations ne se trouveront pas Intrans nés en même tems ; mais il s'en trouvera un, quelquefois deux ; on pourra aussi s'ouvrir un accès auprès du Recteur sortant qui préside à l'élection. L'intrigue sçait employer tant de ressorts ! Trois suffrages, & peut-être deux, si les autres sont partagés, suffiront pour assûrer l'avantage à la brigue sur le mérite le plus éminent. N'est-ce pas là toujours une atteinte bien vive à la régle prescrite par les Statuts ?

De ces refléxions il faut conclure que, puisque le privilége dont il s'agit blesseroit l'essence de l'élection, & pourroit entraîner de si grands abus, pour qu'il pût être toleré, il faudroit du moins qu'il fut établi par quelque Statut ou quelque Réglement bien précis ; & ce seroit au sieur Poirier à en rapporter la preuve, sans quoi on ne peut écouter sa prétention. Or bien loin qu'il soit en état de faire cette preuve, il ne faut qu'ouvrir l'Hiſtoire de l'Univerſité pour trouver des preuves contraires à l'évidence deſquelles on ne pourra ſe refuſer.

Ce n'eſt que par degrès que la forme de procéder à l'élection du Recteur s'eſt perfectionnée, & à meſure qu'on a reconnu les abus d'une pratique contraire. Anciennement c'étoit à la vérité les quatre Procureurs des Nations qui éliſoient le Recteur ; mais on ne tarda pas à s'appercevoir des inconveniens de cet uſage qui donnoit le tems de captiver leurs ſuffrages. Dès l'année 1335. la Nation de France ſit un Statut, par lequel, entr'autres choſes, elle régla que ce ne ſeroit plus le Procureur commun qui ſeroit Intrant, mais que les Tribus alternativement en nommeroient un, *Qui tanquam Procurator Nationis & nomine ipſius Nationis in electione Rectoris vocem habeat.* Il eſt vrai que par un reſte d'attachement à l'ancien uſage, il fut alors accordé que quand le Procureur ſe trouveroit originaire de la Tribu en tour, il ne ſeroit point nommé d'autre Intrant pour cette fois. *Ita tamen*, ce ſont les termes, *quod ſi de Provinciâ ad quam ſpectabit dictum Magiſtrum aſſumere, imminente futuri Rectoris facienda electione, Procurator publicus & communis noſtræ Nationis originem traxerit in dicta Provincia & de eadem exiſtat nullus alius Magiſter illâ voce ad electionem Domini Rectoris celebrandam creabitur nec ſumetur.* Du Boulay, T. 4. p. 246.

Juſqu'ici cela paroîtroit favoriſer le ſyſtème du ſieur Poirier ; mais ce Statut n'étoit que proviſoire, & la Nation ſe reſerva la liberté de le changer par cette clauſe qui le termine : *Prædicta autem omnia ordinamus, ſtatuimus & promittimus nos omnes & noſtrûm quemlibet quandiu viſum nobis & Nationi prædictæ fuerit expedire, nos ipſos eadem ſervaturos ; nullam tamen neceſcitatem, nobis vel eidem Nationi noſtræ imponentes, nec imponere volentes quod nobis liceat prædictis ſtatutis, addere, ſubſtrahere, diminuere & eadem ſi nobis placuerit, totaliter annullare.*

Et en effet, ce Statut ne fut pas long-tems exécuté, car la Nation éprouvant que ce reſte de prérogative que l'on avoit conſervé au Procureur, occaſionnoit encore de grands abus, prit enfin le parti d'y remédier tout-à-fait. Pluſieurs Aſſemblées furent tenuës à ce ſujet, l'on y conclud unanimement à abroger entiérement le privilége du Procureur, *Quod Procurator de cætero non deberet Intrare ſaltem virtute Statuti, tum propter prædictas brigas, fabricas, inhoneſtates & damna quæ indè ſequi videbantur :* Et en conſéquence, il fut arrêté le 23. Mars 1445. un Statut conçû en ces termes : *Univerſis præſentes litteras inſpecturis..... Notum facimus quod Procurator de cætero ad eligendum novum Rectorem non intrabit in vi Procurationis, & quod de cætero quælibet Provincia meram libertatem habebit eligendi & præſentandi ſuum Intrantem in die electionis Rectoris.* Du Boulay, T. 5. p. 531.

Rien de plus poſitif que ce Statut : la charge de Procureur ne donnera plus aucun droit à l'Intrance, *Non intrabit in vi Procurationis,* mais la Tribu en tour aura pleine liberté de choiſir ſon Intrant, *meram libertatem habebit eligendi & præſentandi ſuum Intrantem.*

Il eſt vrai qu'à la fin du Statut la Nation ſe réſerve la Faculté de le changer après l'eſpace de deux ans. *Nobis nihilominus & prædictæ noſtræ Nationi ſemper reſervata poteſtate augendi, diminuendi . . . . exceptis tamen duobus primis annis à die datâ præſentium computandis in quibus nihil poterit immutari ſed practicabitur hoc ſtatutum inviolabiliter.* Mais à l'expiration des deux années, loin d'y rien changer, on le confirma ; car le 15. Mars 1447. le ſieur Ramier Procureur de la Nation, ayant voulu rappeller l'ancien Statut, & demander l'Intrance en ſa qualité de Procureur, ſa prétention fut rejettée, la Nation élût un autre Intrant, & arrêta que l'on ne pourroit plus l'être en vertu de l'ancien Statut ; mais que celui de 1445. ſeroit exécuté tant qu'il n'en ſeroit point ordonné autrement. Ce fait peut d'autant moins être revoqué en doute, que c'eſt le ſieur Ramier lui-même qui nous l'a tranſmis : *Concluſi*, dit-il, *à pluralitate vocum in vigore Statuti antiqui intrare non poſſe, concluſi prætereà quod Statutum noviter conditum* [celui de 1445.] *maneret in ſuo robore donec Natio ad hoc ſpecialiter vocata aliud ſuper re iſtâ determinaret.*

Du Boulay
Tome 5. p.
552.

Or depuis ce tems-là, il ne paroît pas qu'il ſoit intervenu aucun Statut qui ait changé la regle établie par celui de 1445. Cette regle eſt donc maintenant ſubſiſtante & en vigueur. Et en effet, qu'on examine les Statuts généraux faits en 1600. pour la réformation de l'Univerſité & leur Appendix ; qu'on liſe les Statuts particuliers de la Nation de France enregiſtrés en 1662. on n'y trouvera aucune diſpoſition qui ait pu faire revivre l'ancien privilége du Procureur, mais au contraire le droit des Tribus d'élire tour à tour l'Intrant de cette Nation, leur eſt conſervé purement & ſimplement : *Jus eligendi quatuorvirum . . . . viciſſim ad ſingulas Tribus ſuo ordine devolvitor ;* l'exercice de ce droit ne peut être gêné par aucun privilége ni reſtriction. C'eſt donc avec raiſon que l'on a avancé que non-ſeulement le ſieur Poirier n'établiroit point le privilége qu'il reclame, mais que les Statuts prouvent même qu'il n'a point ce privilége, puiſqu'ils en contiennent préciſément l'abrogation.

A une démonſtration auſſi ſenſible, que pourroit-on oppoſer ? Nous voyons dans le préambule du Jugement du ſieur Exrecteur, que d'un côté on cita en faveur du ſieur Poirier une énonciation rapportée par du Boulay, & tirée d'un ancien Regiſtre d'un Procureur de la Nation de France, où il atteſte qu'en l'année 1530. il obtint l'Intrance en vertu du privilége attaché à ſon office ; & d'un autre côté on allégua que depuis quelques années il y avoit divers exemples de Procureurs qui avoient été Intrans. Voilà ſurquoi le ſieur Exrecteur a appuyé ſa déciſion ; mais il eſt facile de découvrir l'illuſion de ces prétextes.

Par rapport à l'énonciation qui ſe trouve dans du Boulay, voici mot pour mot comment elle eſt conçüe : *Anno Domini 1530. die 10.*
Du Boulay
Tome 6. p.
128.
Octobris nos Jacobus Houllier Procurator Nationis Gallicanæ data poſtulatione in ſupremo ſenatu ut ex jure Statuti quod folio 113. exſcriptum eſt [ſçavoir celui de 1335.] *nullus alius deſignaretur Rectoriæ dignitatis renunciator atque nos obtinuimus ut retinendo juri noſtro D. Morin Prætor Pariſinus committeretur. Itaque ex mandato ſenatûs adfuit & ita præfuit ut nihil imminuto Statuto Rectoris elector Procurator diceretur,*

quod

quod eum in publicum bonum conceſſum ſit, id ut ne prætermittatur quibus
occaſio ceſſerit obteſtor.

Quelle induction peut-on tirer d'une pareille énonciation ? Ce
n'eſt pas ici un Statut ni une Concluſion de la Nation : c'eſt un Par-
-ticulier qui produit ſon témoignage dans ſa propre cauſe ſans nécef-
ſité & ſans miſſion ; quelque choſe qu'il eût pu dire, eſt-ce là une
autorité qui puiſſe entrer en oppoſition avec un Statut auſſi poſitif
que celui de 1445. qui a ſi expreſſement aboli le privilége de Procureur ?

Mais il y a plus ; qu'on peſe les circonſtances expoſées dans ce cer-
tificat. Un Procureur de la Nation de France prétendoit l'Intrance,
& avoit formé ſa demande en la Cour. Si c'eût été un droit attaché
à ſa place, on eut décidé ſur le champ en ſa faveur ; mais au contraire on ordonne que la Nation ſera aſſemblée devant un Magiſtrat
que la Cour commet, & la Nation aſſemblée accorde l'Intrance à
ce Procureur. Que peut-on conclure de-là ? C'eſt la Nation maîtreſſe
de ſon choix qui veut bien le fixer ſur lui. Nous ne prétendons pas
qu'un Procureur de Nation ne puiſſe être nommé Intrant ; mais il doit
être choiſi librement comme tout autre tribulaire. Il eſt éligible, mais
il n'eſt pas Intrant né, comme le prétend le ſieur Poirier ; & l'Acte
de 1530. n'établit rien de contraire, ou plûtôt il confirme cette vérité, puiſque ce ne fut pas par l'Arrêt, mais par le vœu & l'élection de
la Nation que l'Intrance fut accordée au ſieur Houllier.

A l'égard des exemples indiqués dans le préambule du Jugement
du ſieur Exrecteur, on y allégue que par les Regiſtres de la Nation
de France, il paroît qu'il y a eu des Procureurs nommés Intrans en
1673. 1674. 1675. 1708. 1709. & 1713. Mais quel fruit a-t-on pu
encore ſe promettre de cette recherche ? Pour la faire, on a remonté
juſqu'en 1673. & depuis ce tems-là, juſqu'à préſent, on a trouvé ſeu-
lement ſix Procureurs qui ont été Intrans, il n'y a rien là de ſurpre-
nant, quand il y en auroit eû un plus grand nombre, il n'y auroit
encore aucune conſéquence à en tirer, parce que ſi ces Procureurs
ont été Intrans, c'eſt qu'ils étoient éligibles comme d'autres Tribulaires, s'ils ont été élûs, ce n'eſt point un droit de leur place ; autrement ils n'auroient point été élûs, mais ils auroient fait cette fonction de plein droit & ſans élection, ce qui n'eſt jamais arrivé ; mais
une choſe importante à obſerver, c'eſt que de ces ſix Procureurs
nommés Intrans, il y en a quatre qui étoient ſortis de charge quand
ils ont fait la fonction d'Intrant. Il n'y en a que deux qui ayent crû,
comme le ſieur Poirier, devoir remplir toute à la fois ces deux char-
ges, c'eſt-à-dire, celle de Procureur & celle d'Intrant ; mais il ne s'en
trouve pas un ſeul qui ait obtenu l'Intrance malgré la Nation. On
voit au contraire d'un côté leur ſupplique, *Poſtulavit ... Petit ...*
Supplicavit D. Procurator ut in quadrumvirum deſignaretur ; & de l'autre, on voit auſſi le conſentement & le choix libre des Tribus ...
Tribus communi ſuffragio annuerunt ... nominarunt ... deſignarunt ...
tota natio annuit ... unanimi ſuffragio ... communi ſuffragio in quadrum-
virum electus eſt. Voilà une élection & une liberté bien caractériſée,

Lorſque quelqu'un a prétendu que c'étoit un droit de ſa place, il a été refuſé, c'eſt ce qui arriva au ſieur Delavaquerie le 10. Octobre 1699. Il ſortoit de charge, & prétendoit en ce cas, que l'Intrance lui étoit dûë ... *Conſuetudinem concluſione munitam prætexens*, dit la Concluſion, *contendebat quadrumviratum deberi Procuratori decedenti Magiſtratu, ſi eo tempore pertineret ad Tribum Procuratoris quadrumvirum eligere.* Ce cas étoit, comme on voit, bien plus favorable que celui du ſieur Poirier, car on ne pouvoit lui objecter d'incompatibilité puiſqu'il ſortoit de charge, au lieu que le ſieur Poirier conſervoit la Procure; cependant la même Tribu de Paris refuſa l'Intrance au ſieur Delavaquerie, la Nation confirma ce refus; il en appella au Recteur & aux Nations, & allégua tout ce que peut dire aujourd'hui le ſieur Poirier, & cependant il fut encore rejetté unanimement par toutes les Nations qui voulurent conſerver la liberté des élections ... *Volentibus Nationibus libera eſſe in hac parte Tribuum ſuffragia.* Ce n'eſt pas ici une ſimple Concluſion de Nation, c'eſt un Decret de toute la Faculté des Arts en corps; s'il ne fait pas une Loy, c'eſt au moins une régle qu'on ne pourroit violer ſans bleſſer l'équité, détruire la liberté, & jetter le trouble dans l'Univerſité. Il n'y a donc pour le ſieur Poirier aucun avantage à tirer de ces ſix exemples qu'on a trouvé dans un eſpace de 70. ans; diſons mieux, cette recherche produit contre lui une induction déciſive.

En effet, rien n'eſt plus fréquent que le cas où ſe trouve le ſieur Poirier, car comme l'Intrance circule perpetuellement entre les Tribus, il n'y a preſque point de Procureur qui, dans l'année de ſa Procure, ne voye l'Intrance dans ſa Tribu; il devroit donc y en avoir des exemples ſans nombre; or on n'en trouve que ſix dans l'eſpace de 70. ans. N'eſt-ce pas une preuve que ceux qui ont été Intrans, n'ont été élûs que comme tout autre Tribulaire ? Et effectivement, il eſt de notorieté dans l'uſage que le choix de l'Intrant ſe fait toujours ſans aucun égard ni préférence pour celui qui occupe la place de Procureur, chacun opine librement, & la pluralité ſeule décide. Le Procureur encore une fois peut-être élû, mais il n'y a point de néceſſité de le nommer.

Concluons que tout s'éleve ici contre la prétention du ſieur Poirier. Si on conſidére la nature du privilége qu'il réclame, il attaque la liberté & l'eſſence de l'élection, il pourroit engendrer les plus grands abus dans la Faculté des Arts; ſi on examine les Statuts, on trouve qu'à la vérité il a eû lieu anciennement, mais que comme on en a reconnu les inconveniens, il a été aboli par le Statut de 1445. depuis lequel on ne voit rien qui ait pu le faire renaître. Enfin, ſi on conſulte l'uſage, on voit encore que les Tribus ont juſqu'à préſent conſervé le droit de procéder à l'élection des Intrans avec la plus entiére liberté. Lors donc que le ſieur Poirier a demandé l'Intrance en vertu de ſa charge, *vi Procurationis*, cette prétention chimérique ne devoit jamais réuſſir, & puiſque le ſieur Exrecteur vouloit ſtatuer ſur cette difficulté, quoi qu'il n'en eut pas le droit, du moins il devoit juger en faveur du ſieur Hamelin qui avoit en ſa faveur le vœu de la Tribu en tour, & celui de toute la Nation aſſemblée.

TROISIE'ME OBJET.

Concernant le Réglement demandé par le ſieur l'Allemand.

Par la Requête d'intervention qui a été préſentée par le ſieur l'Allemand, comme faiſant les fonctions de Syndic de l'Univerſité, il ne ſe contente pas d'adhérer aux Concluſions du ſieur Poirier; mais en continuant, dit-il, en tant que beſoin les erremens d'une inſtance introduite en la Cour en 1738. il demande 1°. l'exécution d'un Arrêt du 29. Avril 1670. par lequel l'âge de 30. ans eſt requis pour avoir droit de ſuffrage actif & paſſif dans l'élection des Intrans; qu'en expliquant cet Arrêt, ce même âge de 30. ans revolus ſoit également requis pour avoir droit de ſuffrage actif dans la confirmation tant des Intrans que du Recteur; & qu'à cet effet tous les Supôts qui n'auront été immatriculés que depuis 10. ans, & ceux qui le ſeront à l'avenir, ſeront tenus d'exhiber leurs Extraits baptiſtaires au Cenſeur de la Nation, lequel en tiendra une liſte exacte dont il remettra copie au Syndic de l'Univerſité, ainſi qu'aux Procureurs & Doyens des Nations. 2°. Qu'en cas de conteſtation ſurvenuë dans une Nation au ſujet de l'élection ou confirmation de ſon Intrant, la partie qui ſe prétendra lezée par la délibération de ſa Nation, pourra ſe pourvoir dans l'inſtant devant le Recteur aſſiſté de ſon Conſeil préſent dans l'aſſemblée de la Faculté des Arts, lequel jugera *de plano* la conteſtation, & ce jugement ſera exécuté nonobſtant toute oppoſition ou appellation. 3°. Enfin, que les Procureurs & Cenſeurs des Nations ſeront tenus de remarquer les perſonnes qui dans les aſſemblées cauſeroient du trouble par des clameurs & autres voyes peu convenables à la décence de l'aſſemblée, de les avertir de ſe mieux comporter, ſinon de les dénoncer au Tribunal de l'Univerſité, à l'effet d'être procedé contr'eux par les peines académiques, & même de les dénoncer à M. le Procureur général, ſi le cas le requiert.

Rien n'eſt plus ſingulier que cette démarche & ces concluſions du ſieur l'Allemand, ſous quelque point de vûë qu'on les enviſage.

On pourroit d'abord l'arrêter d'un ſeul mot en prouvant qu'il eſt non-recevable dans ſes demandes, parce qu'il eſt ſans qualité & ſans pouvoir pour les former.

En effet, en quelle qualité intervient-il? C'eſt, dit-il, comme faiſant les fonctions de Syndic de l'Univerſité; mais qui les lui a confiées? C'eſt le ſerment qui conſtituë le caractére d'un Officier, & le ſieur l'Allemand, lorſqu'il a formé ſa demande, n'avoit pas même prêté le ſien. Allons plus loin, quand il auroit eu caractére, eut-il été en droit de diriger des demandes de la nature de celles-ci, ſans miſſion, ſans pouvoir, ſans aſſemblées, ni délibération précédentes? Le miniſtere du Syndic de l'Univerſité, conſiſte à repréſenter & à deffendre ce corps dans les caufes où il ne pourroit agir lui-même que difficilement : c'eft ce que porte l'inftitution même de cet office, fuivant la réponfe que fit à l'Univerfité le Pape Innocent III. en 1208. Cap. *quia in caufis*, *tit. 38. Quia in caufis quæ contra vos & pro vobis moventur, veftra Univerfitas, ad agendum & refpondendum commodè intereffe non poteft ; poftulaftis à nobis ut Procuratorem inftituere fuper hoc vobis de noftra permiffione liceret, licet igitur de jure communi hoc facere valeatis, inftituendi tamen Procuratorem fuper his authoritate præfentium vobis concedimus facultatem.* Par quelle étrange nouveauté prétend-t-on donc aujourd'hui qu'un Syndic qui n'eft que pour repréfenter les Corps qui compofent l'Univerfité, puiffe fans y être autorifé par aucune délibération, attaquer les Nations même & devenir leur adverfaire ? N'eft-ce pas aller directement contre l'objet pour lequel il a été établi ?

Ces fins de non-recevoir font fi décifives, qu'on auroit pû fans doute s'y renfermer ; mais les Nations trouvent trop d'avantage à s'expliquer fur le détail du Réglement demandé, & trop de facilité à en démontrer l'illufion pour ne pas en profiter.

Une première reflexion fe préfente à l'efprit. Dans quelle conjoncture le fieur l'Allemand vient-il faire éclater fon zéle ? La contestation dont la Cour eft faifie ne roule, ainfi qu'on l'a vûë, que fur l'appel interjetté, tant comme de Juge incompétant qu'autrement, du jugement rendu par le fieur Exrecteur. Le fieur Poirier Intimé fur cet appel, étoit partie capable pour fe deffendre fans l'intervention du fieur l'Allemand : en tout cas, celui-ci en intervenant pouvoit fe contenter d'adhérer à fes conclufions ; à quelle fin donc tous ces chefs de conclufions différens ? Eft-ce la connexité des objets ? On vera dans un inftant qu'ils n'ont la plus part aucun rapport avec l'appel. Quel eft donc le motif qui a pu guider le fieur l'Allemand ? Il n'eft que trop fenfible qu'il ne fait ici que prêter fon nom au parti du fieur Poirier. C'eft une reffource imaginée pour étayer fon fyftème, & comme une fimple adhéfion à fes conclufions n'auroit pu apporter aucun changement à la conteftation, on s'eft flaté par là de l'impliquer & de répandre de l'obfcurité fur une affaire où l'on a intérêt d'éviter la fimplicité & la lumiére ; venons au détail.

D'abord pour colorer l'intervention, on affecte de déclarer qu'on reprend les erremens d'une conteftation engagée en la Cour en 1738. mais ce n'eft-là qu'un prétexte frivole. En 1738. la Tribu de Sens en la Nation de France, avoit nommé pour Intrant le fieur Rouffelot, & refufé le fieur Guiller fon Doyen qui ne l'avoit jamais été : celui-ci s'en plaignit à toute la Nation, qui changeant l'élection, le nomma au lieu du fieur Rouffelot : ce dernier en appella aux Nations affemblées qui infirmerent la conclufion de la Nation de France, & adjugerent l'Intrance au fieur Rouffelot. Ce Jugement étoit contraire à la difpofition de l'Arrêt de 1713. qui deffend d'appeller d'une Nation aux autres. C'eft pourquoi la Nation de France s'y oppofa fur le champ. Celle de Normandie revint contre fon Jugement. Deux jours après le Syndic qui vouloit foutenir fon entreprife, prit les devant,

&

& fit affigner toutes les Nations en la Cour le 10. Decembre 1738. mais cette demarche n'eut pas lieu. On voit que cette conteftation n'a aucun rapport avec celle-ci. En 1738. c'étoient les Nations qui avoient rendu un Jugement contraire à l'Arrêt de 1713. ici c'eft l'Exrecteur & trois Procureurs feulement qui ont prononcé. En 1738. il ne s'agiffoit pas comme ici, du privilége prétendu par le Procureur. Ce font donc deux conteftations toutes différentes dans leurs principes & dans deux objets; la premiére n'étoit pas, pour le fieur l'Allemand, un prétexte d'intervenir dans la feconde.

Mais fon zéle le portoit à provoquer un Reglement. Voyons fi il a pu être excité par quelque motif de néceffité ou d'utilité pour l'Univerfité. Des trois Chefs qui compofent ce prétendu Réglement, il faut d'abord écarter celui qui tend à rendre le Recteur affifté des Procureurs, Juge des conteftations qui pourront s'élever dans les Nations au fujet de l'Intrance. On a fait voir en difcutant le premier objet du préfent Mémoire, que le Recteur n'a point de Confeil particulier pour la Faculté des Arts, & que fon Tribunal compofé des Chefs de tous les Corps de l'Univerfité, n'eft point compétant pour connoître des appels des conclufions des Nations. La jurifdiction que l'on veut attribuer ici au Recteur fur les Nations, le Confeil particulier qu'on veut lui former pour cela, font le renverfement de l'ordre & de la difcipline de l'Univerfité. Ce Chef du Réglement propofé, doit donc être déja fans difficulté rejetté. Il ne refte à examiner que les deux autres, l'un defquels concerne l'âge néceffaire pour avoir droit de fuffrage, & l'autre la correction des Supôts qui pourroient caufer du trouble dans les Affemblées des Nations.

Par rapport au premier point, le fieur l'Allemand rapporte un Arrêt de la Cour du 29. Avril 1670. qui requiert l'âge de 30. ans pour avoir droit de fuffrage actif & paffif pour l'élection des Intrans; on fe plaint de ce qu'il n'eft point exécuté dans les Nations, comme fi c'étoit de leur part un mépris de l'autorité d'où il eft émané; on infinuë même que c'eft-là ce qui a occafionné l'événement qui donne lieu à la préfente conteftation; mais ce ne font-là que de pures illufions.

Lorfque le fieur Hamelin a été élû & confirmé Intrant, les fuffrages de tous les Supôts de la Nation fe font prefque réunis en fa faveur; & il eft notoire que dans le nombre des vocaux, il n'y en avoit pas la feptiéme partie au-deffous de 30. ans. Quand on auroit retranché leurs voix, il auroit toujours eu en fa faveur la pluralité & prefque l'unanimité; par conféquent l'inéxécution de l'Arrêt de 1670. n'a pu aucunement influer fur le choix qui a été fait du fieur Hamelin; le Réglement qu'on demande à ce fujet n'a abfolument rien de commun avec l'appel foumis à la décifion de la Cour, & quand tous les Supôts au deffous de 30. ans feroient privés du droit de fuffrage, il ne faudroit pas moins conferver l'Intrance au fieur Hamelin : ce font deux objets entièrement détachés & indépendans l'un de l'autre.

Au furplus voici l'explication de ce qui concerne l'Arrêt de 1670. & fon inéxécution.

G

Suivant les Statuts, le droit de suffrage actif & passif n'est limité à aucun âge. L'Article IV. du Chap. 7. des Statuts de la Nation de France, porte *Jus ferendi suffragii in comitiis quilibet artium Professor, Gymnasiarcha si Magister artium fuerit, superioris ordinis Baccalaureus ex lege habeto, ut id sibi concedi comitiis Tributis postulaverit impetraritque.* Mais par l'Article VIII. des anciens Statuts de la Faculté de Théologie, il étoit porté que l'on ne pourroit être promû dans cette Faculté au grade de Bachelier qu'à l'âge de 30. ans. Dans cet état, la condition de ces Bacheliers n'étoit pas égale à celle des autres Supôts; car un Maître ès Arts ayant entrée dans la Faculté des Arts avant 30. ans, y avoit droit de suffrage; le Bachelier de Théologie ne pouvoit au contraire jouir de cet avantage qu'à 30. ans.

En 1668. il s'éleva dans la Faculté des Arts une contestation au sujet de la nomination du Recteur: les circonstances en sont inutiles à rappeller ici; il suffit de dire que tous les Corps de l'Université ayant été mis en cause, on se concilia, & le temperemment qui fut pris pour réunir tous les esprits, fut d'arrêter que *l'élection des Intrans qui doivent nommer le Recteur, seroit faite dans chaque Nation par les Principaux, Regens, Bacheliers & autres Maîtres ès Arts qui auroient atteint l'âge de 30. ans, sans qu'aucuns de ceux qui n'auroient 30. ans accomplis pussent avoir voix délibérative, active ni passive dans ces élections.* Ce parti ayant été pris & communiqué au Parquet, l'Arrêt du 29. Avril 1670. fut rendu par forme d'appointement qui l'ordonna ainsi.

Quoique cet Arrêt fut intervenu de concert, dès qu'il étoit revêtu de l'autorité de la Cour, sans doute on devoit s'y conformer avec respect. Mais un évenement changea la face des choses. Le Roy par ses Lettres Patentes du mois de May 1675. regiftrées en la Cour le 29. Août suivant, dérogéant à l'Article VIII. des Statuts de la Faculté de Théologie, permit de prendre le grade de Bachelier à 21. ans au lieu de 30. ans. Cette Loy nouvelle produisit un embarras; car l'Arrêt de 1670. qui n'avoit été rendu qu'en faveur des Bacheliers, leur devenoit contraire, puisque quoique promûs à ce grade à 21. ans, ils se trouvoient par ce même Arrêt privés jusqu'à 30. ans du droit de suffrage dans la Faculté des Arts; par-là ils en étoient même écartés tout-à-fait, parce que la plûpart avant l'âge de 30. ans passent à la Faculté de Théologie, ce qui devenoit un préjudice sensible pour la Faculté des Arts. Dans ces circonstances ne pouvoit-on pas dire que le Roy en permettant aux Etudians en Théologie de prendre le grade de Bacheliers avant 30. ans, leur avoit permis en même tems de jouir de tous les priviléges attachés à ce grade, dont un des principaux est le droit de suffrage dans la Faculté des Arts? Et que le motif qui avoit été la cause unique de la disposition de l'Arrêt de 1670. cessant, l'effet devoit cesser aussi? Ces considérations jetterent les Nations dans l'incertitude; celles de Picardie & d'Allemagne continuerent nonobstant ces raisons à exécuter l'Arrêt; mais dans les autres Nations, il est demeuré sans exécution, ce qui n'a jusqu'ici produit aucun inconvenient ni excité aucune plainte.

Il étoit reſervé au ſieur l'Allemand d'en faire le ſujet d'une demande dans une conteſtation dont l'objet n'a avec cela rien de commun.

Mais il fait plus, il ne ſe contente pas de demander l'exécution
de l'Arrêt de 1670. il veut encore en étendre la diſpoſition. On a
juſqu'ici diſtingué l'élection des Intrans qui ſe fait par la Tribu en
tour, d'avec la confirmation des Intrans & du Recteur qui ſe fait par
les Nations. Lorſque l'Arrêt a requis l'âge de 30. ans pour avoir droit
de ſuffrage actif & paſſif, ce n'a été que par rapport à l'élection des
Intrans; mais à l'égard de la confirmation tant des Intrans que du
Recteur, on n'a jamais douté avant & depuis l'Arrêt, que tous les
Supôts âgés ou non de 30. ans, n'y euſſent droit de ſuffrage indiſ-
tinctement. L'uſage ſur ce point eſt conſtant; mais le ſieur l'Allemand ne ſe borne pas à pourſuivre l'exécution de l'Arrêt de 1670.
Il demande encore qu'en l'expliquant, il ſoit dit, que l'âge de 30.
ans révolut, ſera également requis pour avoir droit de ſuffrage actif
dans la confirmation tant des Intrans que du Recteur. Qui peut le
pouſſer à entreprendre ainſi de renverſer tous les uſages de la Faculté
des Arts? Pourquoi cette paſſion d'innover? Mais ne portons pas
plus loin ces reflexions; les Nations agiſſent ici ſans humeur, &
n'aſpirent qu'à voir regner un bon ordre dans la Faculté des Arts.
Il leur ſuffit d'avoir rapporté les faits tels qu'ils ſont; elles s'en rap-
portent à la prudence de la Cour, d'ordonner ſur ce Chef ce qu'elle
jugera à propos.

Mais il ne leur eſt pas permis de prendre le même parti ſur le dernier Article du Réglement provoqué par le ſieur l'Allemand, ten-
dant à ce que les Procureurs & Cenſeurs ſoient tenus de dénoncer
au Tribunal du Recteur ceux qui pourroient cauſer du trouble dans
les Aſſemblées des Nations. Ceci attaque ouvertement les droits des
Nations, & va à renverſer la diſcipline qui s'y eſt toujours obſervée,
pour étendre au-delà des bornes preſcrites la juriſdiction du Recteur.

D'abord on pourroit demander au ſieur l'Allemand pourquoi il
prévoit des troubles dans les Aſſemblées des Nations. Pourquoi ces
préſages ſiniſtres? Par-là veut-il faire entendre qu'il y en a eu dans
l'Aſſemblée du 23. Juin 1742. & que c'eſt l'expérience du paſſé qui
l'oblige à prendre des précautions pour l'avenir? Mais ce ſeroit une
pure ſuppoſition. Il n'y eût dans l'Aſſemblée du 23. Juin 1742. d'autre commotion que celle que la prétention du ſieur Poirier & l'entreprife du ſieur Exrecteur y devoient neceſſairement cauſer: & tout
ce que l'on pourra avancer de plus, ne peut être qu'allégation ſans
preuve, qui ne mérite point de réponſe.

Au fond le ſieur l'Allemand qui veut introduire une forme nouvelle de procéder contre ceux qui pourroient troubler les Aſſemblées des Nations, ignore donc quelle eſt ſur cela la régle & la diſcipline de ces Corps.

En général, on ſçait que les Corps ont une juriſdiction correction-
nelle ſur leurs Membres, & qu'il n'y a point de Juge qui ne ſoit

compétant pour connoître des délits qui se commettent dans son Tribunal & en sa présence. Les Nations sont, comme on l'a dit, des Corps séparés & indépendans les uns des autres, elles ont chacune leurs Statuts qui prescrivent les peines académiques qui doivent être infligées à ceux qui exciteroient quelque trouble dans l'Assemblée ; & par ces mêmes Statuts, les Nations sont autorisées à connoître de ces cas & à prononcer la peine sur le champ. Ainsi dans la Nation d'Allemagne, on voit au Chap. 2. Art. 10. cette disposition : *Qui alium in comitiis verborum contumeliis laceraverit sportulâ privator . . . . . Si quis alium percusserit ex Nationis albo expungitor & ab eâ in perpetuum excluditor.* Les autres Nations n'attendent pas des voyes de fait si marquées, mais la simple desobéissance d'un Supôt peut lui attirer l'exclusion : *Si moniti parere noluerint excluduntor.*

Il n'est donc pas permis de douter que si dans une Nation assemblée, il s'élevoit quelque trouble, ce qu'on ne doit pas prévoir, la Nation même qui a un pouvoir & une jurisdiction pour contenir ses Membres, ne soit en droit d'en connoître & de prononcer sur le champ la peine conformément à ses Statuts : mais prétendre que dans ce cas le coupable au lieu d'être puni sur le champ par son corps, en soit tiré & traduit au Tribunal du Recteur, c'est une nouveauté qui pourroit entraîner les plus dangereuses conséquences.

En effet, ce seroit attribuer au Tribunal du Recteur un pouvoir qu'il ne peut avoir, puisqu'il ne doit connoître que des contestations qui naissent dans les Colléges *de re Scholasticâ*, & sur des matiéres légéres. Ce seroit dépoüiller les Corps des Nations de la Jurisdiction naturelle & nécessaire qu'ils ont sur leurs Membres, injustice qui bientôt s'étendroit aux Facultés supérieures, dont par égalité de raison on distrairoit aussi les Supôts pour les traduire au Tribunal du Recteur. Ce seroit introduire dans l'Université une forme de procéder bizare & sujette à mille inconveniens; car les Officiers qui composent le Tribunal du Recteur, ignorans comment le fait arrivé dans l'Assemblée d'une Nation se sera passé, ne seront pas en état d'y statuer, ou bien il faudra recourrir à l'appareil d'une instruction dans toutes les formes, chose inconnuë dans l'Université, & qui loin de contenir ceux qui seroient capables d'exciter des troubles, ne feroit que les enhardir par l'espérance de l'impunité. Enfin on est forcé de le dire ; traduire en pareil cas les Supôts des Nations au Tribunal du Recteur, ce seroit introduire dans l'Université une espéce d'inquisition, parce qu'on pourroit, sous divers prétextes, y poursuivre comme coupable celui qui n'auroit fait qu'ouvrir son opinion avec une liberté généreuse, & cette contrainte étoufferoit la voix des Supôts. Voilà trop de raisons pour déterminer la Cour à rejetter une idée qui n'est appuyée sur aucune sorte d'autorité, & qui tend à renverser toute la discipline de l'Université.

RECAPITULATION.

RECAPITULATION.

Tels font les différens objets fur lefquels la Cour a à prononcer. Si maintenant on veut les raffembler, fi d'un feul coup d'œil on envifage la prétention hazardée par le fieur Poirier, la liberté que le fieur Exrecteur s'eft donnée de détruire la délibération d'une Nation entiére, les efforts qu'on fait pour foutenir cette entreprife, & enfin les différentes parties du Réglement qui eft demandé; à tant de traits réunis, on reconnoît fans peine que c'eft ici un fiftême lié & arrangé dans toutes fes parties pour opprimer les Nations.

En effet, le plus précieux de leurs droits, eft celui d'élire avec une pleine liberté le Recteur de l'Univerfité. On veut les en priver. Pour cela, on commence par écarter une partie des Supôts en leur enlevant le droit de fuffrage, fous prétexte qu'ils n'ont pas 30. ans accomplis ; fi ceux qui reftent ne font pas dociles aux impreffions qu'on voudra leur faire prendre, on les menacera de les traduire au Tribunal du Recteur, ou bien on leur oppofera le privilége imaginaire d'un Procureur qui fe fera nommer Intrant malgré eux : fi malgré cela la Nation rend une conclufion contraire, on en appellera au Recteur qui avec deux ou trois Procureurs la réformera & confommera l'Election : le fujet élevé par cette voye fur le Siége Rectoral ne manquera pas de gouverner avec le même efprit, & étendra par degré fa Jurifdiction fur tous les Supôts & même fur les Nations & fur les facultés, ainfi fon pouvoir qu'il tient de ces Corps fervira à les oprimer & toute la face du gouvernement de l'Univerfité fe trouvera changée.

Voilà jufqu'où pourroient aller les fuites du fifteme qu'on oppofe aux Nations : mais heureufement il n'eft pas affez fpécieux pour qu'elles puiffent un feul inftant en craindre le fuccès. Car il femble que l'on fe foit attaché à y violer tout ce que l'Univerfité a de ftatuts, de reglemens & d'ufages. Il y a dans le Jugement du Sieur Exrecteur une double incompétance, parce que d'un côté la conteftation ne pouvoit pas être foumife au Tribunal Rectoral, & que d'un autre, ce n'eft pas même ce Tribunal qui a prononcé. Ce Jugement au fond eft injufte, parce qu'il autorife une prétention qui offenfoit l'effence & la liberté de l'élection, la difpofition des Statuts & l'ufage de la Nation de France. Enfin le Réglement provoqué par le fieur l'Allemand, eft demandé fans néceffité, & il bleffe dans fes principaux points les régles fur lefquelles eft fondée toute la difcipline de l'Univerfité. Les Nations animées par des motifs auffi preffans, & fondées fur des moyens auffi folides, n'imploreront pas vainement la Juftice & la protection de la Cour.

DOUTREMONT, Avocat.

De l'Imprimerie de BALLARD Fils, au bas de la ruë S. Jean de Beauvais, à Sainte Cécile. 1743.

www.ingramcontent.com/pod-product-compliance
Lightning Source LLC
LaVergne TN
LVHW020630180726
843502LV00006B/1953